AF276283

LA MALA FORTUNA

LA MALA FORTUNA
(2022–2023)

MARCOS QUIRÓS

Valparaíso
EDICIONES

Número 485 de la Colección VALPARAÍSO DE POESÍA
dirigida por FEDERICO DÍAZ-GRANADOS

Diseño de portada: Chari Nogales
www.charidisonadora.com
Imagen de portada: Francescoch

Primera edición: mayo de 2025

© De los poemas: Marcos Quirós

© Valparaíso Ediciones
  C/ Fray Leopoldo, 7 bajo, 18014 Granada
  www.valparaisoediciones.es

  ISBN: 979-13-87538-12-5   .
  Depósito Legal: GR 294-2025

  Impreso en España - *Printed in Spain*
  Gráficas Gami

LA MALA FORTUNA
(2022–2023)

ESTA MALA FORTUNA
QUE POR CIERTO NADIE PIDE

¿ES REAL ESTE DOLOR?

¿Es real este dolor?
¿No será acaso
una mentira contada al niño
más inocente del mundo,
un dolor vano
transmitido entre generaciones
como una joya, un anillo?
¿Será una herencia fantasmal e inapelable?

Este esfuerzo casi divino
por abrir mi corazón
y buscar en él un aleteo vital
ahora se me antoja inútil.

¿Quién me dice que no me enfrento
a un fantasma quijotesco?
Al mismo fantasma al que se enfrenta
la humanidad entera
pero que decidimos ignorar
porque la angustia pesa como el hierro
hasta pulverizar el espíritu,
como si se tratara de majar con el zapato
una hoja seca y vieja.

¿Y si estoy predeterminado a languidecer
por el mismo azaroso destino que dicta
el futuro de los niños pobres en los arrabales?

¿Y si la tristeza ha sido la carta por jugar
entregada por la naturaleza?

Es fácil recetar la pastilla
que ocultara el sentimiento autodestructivo.
Fácil dormitar.
Fácil distraerse en un mundo de distracciones.
Es claro que el niño que sufre
irá al carnaval
que le ofrecen los padres
que no saben hablarle de las aves ciegas
ni del agua negra
y mucho menos de la orfandad.

Pocos ven al dolor a sus propios ojos de cristal
porque este termina por reflejar nuestro rostro
y las lágrimas que ruedan por las húmedas mejillas.

Digo: ¿es real este dolor?

¿Vale la pena hablar con él?
¿Es verdad que es cierto
y no es un castigo sin sentido?
Oh vaga vocación de Prometeo
donde el castigo siempre se repite
pero siempre se experimenta como algo nuevo.

LOS PEQUEÑOS DOLORES

Esta vasija de porcelana que soy
se ha roto en mil pedazos.
Hay que hablar.
El cauce nocturno en que habitan los recuerdos
crece hasta empujarme al borde de la desesperación.
Soy seducido por el salto al vacío,
camino por las cornisas del edificio de mi mente.
Hay que calmar la sombra como si se tratase de un re-
cién nacido,
hay que hablarle con la inocencia del anciano a las plan-
tas,
acariciarle y quitar la maleza de su rostro,
darle de comer los alimentos terrenales
porque somos tan sensitivos como el ciervo,
tan sensible como las dormilonas al roce desnudo del pie
del niño que las descubre en el patio de su abuela.

¿Has visto verdaderamente,
cómo crecer es un grito desenfrenado
de pequeños dolores?
Doloroso como el caminar
del peregrino: soportable pero prolongado.

Pues crecer es madurar
y madurar es engendrar
la herida narcisista, la herida en nuestra espalda
que da cuenta de nuestra altura.
Herida que dijera: continuar es vano pero inevitable.

El mundo no es que lo quieres sino lo que es.
Adolecer es aprender amar el mundo
en una decepción que no soporta la distancia
pero tampoco la cercanía.
Juego gravitatorio en que intentamos adivinar
la distancia que queremos
los unos de los otros, nosotros de las cosas.

Agradable lienzo
donde dibujo la imagen trastornada
de un río de recuerdos
que viajan en mí
como viaja el agua que sale
de una vasija rota hasta llenar el río.
Vasija de porcelana que soy
rota en mil pedazos.
Reconstruyendo pieza por pieza
el camino de mi vida.

LA AUSENCIA

I

La ausencia:
tormenta de fuego,
visión catastrófica,
ardor entre ardores,
espinazo de rosas
por toda la geografía del cuerpo.

La ausencia:
nausea del vivir
y sus regurgitaciones:
oh, querer devolver lo sentido.

Obsequiarlo, arrancarlo, abandonarlo, negarlo.

Nada:
quédatelo.
Es muy tuyo.

II

Ausencia: vacía casa,
vacía cueva,
donde me asomo a preguntar por ti
y recibo a cambio el eco desgarrador de mi voz.

Diálogo vacío con las paredes de mi cuerpo,
con los límites de mi cuerpo.
Te conviertes entonces en sílaba prohibida.
En símbolo de lo terrible.

La ausencia:
muerte lenta de ti,
parto lento hacia la soledad.

Destrucción de una estatua con tu forma
situada en la ciudad de la memoria
y cuyo torso parto en diagonal
de un solo corte.

Ausencias:
desprendimientos de mi piel,
de *la piel del pensamiento.*

Desprendimiento total.

A QUÉ ESTE DOLOR DESCONOCIDO

A qué este dolor desconocido.
Esta sin razón.
Este sin sabor de la vida.
Este pensar que algo no está bien
(pieza fuera del rompecabezas).

A qué esta insatisfacción que me colma
como un vaso repleto de veneno.
Esta indisposición
que me derriba las paredes de la alegría.
Entonces para qué hacer paredes.
Para qué encerrarse y querer mantener algo
si nada es duradero salvo el dolor.
Por favor haz el milagro, diosa mía.
Obra el prodigio.
Lávame en tu vientre:
sea tu mano la ola que mece,
la ola que besa la arena.

Oh estar entre la espada y la pared
y querer huir
pero amar la espada
y por tener a la pared de apoyo
no moverte nunca.

No, no tiene sentido, no
este querer levantar el vuelo
pero temer la altura.

UNA PENA SIN ROSTRO

Hay días
en los que no sumo nada al mundo.
La mente busca como mantenerse
al margen de lo que duele:
inventa historias, juega, se distrae
atrapa emociones placenteras
como el gato a las mariposas.

Pero, como el maestro a su discípulo,
se lo impido,
le digo: no, no, no,
aprende a ser sin distraerte.
Siente.
Piensa.
No te añadas más
de lo que puedas soportar.

Entonces se me acaban los trucos
y mi espíritu empieza a languidecer.
Me invade una pena sin rostro, oscura.
Pregunto por su nombre en vano.
Es quizá una avalancha de discursos
que secretamente me sepulta
y que ignoro sin pretenderlo dentro de mí.

No querer sentir
es tan inútil como intentar apagar
el incendio de un bosque con las manos.

A UN ESCRITOR

Mira, hoy me enteré
de la existencia de una poeta
cuyo trabajo era dejarse poseer
por las voces -tan antiguas- de otros escritores.

Veo tu foto, Eduardo,
y pienso qué hubieras dicho tú sobre la tristeza,
sobre ese aguijón que en el pecho nos asfixia,
ese océano que arrastra mi cuerpo por dentro
sin moverme un milímetro de donde estoy.
Qué hubieras inventado o dicho de una emoción tan
antigua.
¿Habrías alivianado mi carga?
¿Hubieras elaborado un plan de contingencia?
No bromeo cuando te digo
que soy como un valle inundado
por un mar oscuro y agreste.
Que mi corazón se puso morado
y mis ojos están cansados y abatidos.
No pienses que amo sentirme así,
que pongo la tristeza como excusa
para presumir alguna verdad.
He intentado aferrarme al borde luminoso del día,
y de invocar a las potencias celestes
para al final comprender que no vale la pena
canjear mi ser por una verdad,
pues mi ser en si es una certeza.

Los días han sido
como levantar la roca inmensa de Sísifo
para dejarla caer de nuevo.
Un querer calentar el espíritu
en una región fría e inhóspita,
como hiciera el monstruo de Frankenstein.

Misterioso es eso
que resguarda nuestro cráneo
capaz de desarticular despiadadamente
nuestra sonrisa,
como una rama que partiéramos al caminar sobre ella.
Y es evidente que preocupa
no retornar de esa región helada
a la que aún no sé cómo llegue.
Diría que quise avanzar mucho
en que lo pensé que era la vida.
De modo que esto es una suerte de carta
que no tendrá respuesta.
Pero quizá algo en mi la haya escrito
esperando que alguien la entienda
y sople a mi favor
el navío que hoy ha perdido el rumbo.

LAS INCLEMENTES DESGRACIAS

Por más que lo intente
nada podrá detener las inclementes desgracias.
Por más que se nade rio arriba,
la fuerza del agua tiene una complicidad en sus partículas
capaz de abrirse paso
hasta por los cauces más agrestes.
Es el peso que cargamos todos
como un símbolo tatuado
o un sello impuesto por un hado bello y sabio
en el momento del nacimiento.
Quien intente rehuir de la tristeza
se hallará perdido
entre el mundo solitario de su risa histérica y nerviosa.
A todos nos persigue la desgracia
y mejor nos vendría
recibirla en posición de loto y escuchar,
escuchar su interminable llanto
como un cauce de quejas y lamentaciones.

TAO

Yo debería adorarte, oscuridad mía,
puesto que no necesitas un nombre
para ejercer tus designios o tu voluntad.
Vives desde el inicio de los tiempos.
Te me haces tan vieja como el universo mismo.
Yo debería hacerte un altar en demostración de respeto
porque me doy cuenta de que encerrarte
es tan inútil como amarrar al Cerbero
con una cuerda de palma.
Realmente obras independientemente de mí.
Siempre encuentras una manera
    de rebasar mis prohibiciones.
Tienes una balanza tramposa
    que siempre se inclina a tu favor.
No te conozco porque me resulta demasiado doloroso.
Porque si no mi razón se diluiría como tinta en el océano.
Lo que me han dicho que debo ser
supone un conflicto contigo:
ese famoso ideal
que posa en mi mente como una estatua griega
presta a la mirada y el reconocimiento de los otros.
Somos como el agua y el aceite, te digo.
Pero yo guardo la esperanza de hermanarnos algún día
De fundirnos en un abrazo estelar
y llegar hablar tu idioma,
componer un poema que solo otra oscuridad entienda
y con suerte habitar un país donde coexistan luz y tinieblas.
Cada una a su trabajo,
cada una a la lucha sin fin.

PSICOSIS

Entre sedado
por la abundante medicación
y poseído
por el fantasma de la paranoia
que tenía a mi mente enloquecida,
oía las botas de la psicóloga pasar
por entre el ala femenina
y venir a donde estábamos nosotros:
los defectuosos.

La doctora
-si cabe llamarla así-
me preguntaba por mi formación académica,
me aplicaba abundantes pruebas
que después nadie tomaría en serio,
y yo
trastornado
le preguntaba si su apellido
pertenecía a la familia
de un antiguo profesor de la facultad.

La verdad de la cuestión
era que ella estaba poseída por la belleza.
- "¿Es guapa, cierto?"
me preguntaba mi compañero de celda
(u hospital, mucho se parecen)

Yo asentía
creyendo que él podía leer mi pensamiento.

Su cabello era negro
como una cascada de agua abisal.
Y sus manos, delgadas, que bien hubieran hecho
en acariciar mis mejillas en un gesto de compasión.

La doctora expresaba un dolor
por mi estado
y una sensibilidad tan exagerada
que si no hubiera estado psicótico
hubiera pensado que me estaba seduciendo.

Pero terminó.

No le vi más.

Me preguntó por mis planes a futuro
y yo le respondí que tras el internamiento
iría tras un amor estancado y fútil.
Pero la realidad era que deseaba
oír el picaporte de la puerta cerrarse,
despojarla de su bata,
blanca como el algodón,
y contra la puerta de su consultorio
ser sanado, no por su lenguaje o sus palabras,
sino por los gestos de su cuerpo
enloquecidos por el mío.

DELIRIO

Grabado en mí
como una segunda piel.
Es difícil aprender el cálculo de la razón
con la ingenuidad de la locura.
Aprendo la palabra valentía
con la piel bautizada en el temor.
Aprendo a tocarlo todo
con las manos impuras y enfermas.
Con los ojos enfermos.
Con la mente enferma.

ANSIEDAD

Viene,
se acerca con paso felino.
Me cubre como una sombra.
Siembra en mi
el tallo de la duda que brota instantánea.
Socava como un temblor
las montañas de mi espíritu.
Se mueve en mi vientre y pecho
como un parásito extraño.
Quita capas a mi corazón
y nubla mi juicio.
Los nervios como los del gato
se crispan ante la mínima ráfaga de aire.
No entiende la razón de paciencia ni de paz.
Adentro es una guerra.
Un salón de adolescentes
donde todos se pelean la última palabra.

LOS ANTIPSICÓTICOS

Los antipsicóticos están relacionados
    con afecciones cardiacas,
dice el anuncio.
Tendría mucho simbolismo morir del corazón, pienso.
Como una gran tristeza que secara la flor.
Exprime y seca, agrieta y convierte en polvo.
Aniquila, elimina, desaparece.
Para que al final el capullo caiga,
lo que alguna vez fue la mariposa,
lo que alguna vez fue mi cuerpo.
Hoja seca que se deshace
con el leve tacto de mis manos.

SOBRE LA LOCURA

Jamás pensé en adorar mi locura,
hasta que entendí que soy su hijo,
el hijo no puede renegar de sus padres
por más que de estos huya
porque lleva en su rostro el de ellos tatuados.
De ella me alimento
como otros se alimentan de lo que digo.
Yo ilumino porque me iluminan.
Soy el cristal más humilde
porque permito que la luz pase a través de mí.
Soy un canal.
Un medio.
Amo el amor que de mi brota
cuando por fin entiendo el mensaje
detrás de la mudez de las estatuas.
La locura ha sido la expresión de mi espíritu.
Que hubiera sido de mi sin liberar lo que siento.
Lo que soy.
Una jaula entre otra jaula acaso.
Un cielo dentro de otro cielo tal vez.
Si hubiera un dios sé que me amaría
porque le desobedezco
y me sé imperfecto.

LA MUECA QUE DIBUJA
EL ROSTRO DEL DESTINO

*Luego comprobará que no porque se muestre furioso
existe el mar, ni tampoco el mundo.*
ALEJANDRA PIZARNIK

Nada va a cambiar porque yo me muestre desfallecido.
La mueca que dibuja el rostro del destino
de igual manera permanece pétrea, impertérrita.
Conmigo o sin mi
la vida sigue.
Herido o no,
el ser puebla el mundo
de caricias y desgracias.
De donde viene entonces
esta expectativa
de querer cambiar el rumbo del viento
soplando en contra mi verdad,
mostrando mi dolor.
Tal es el egoísmo:
que no comprende la danza de las cosas
sin pensar que lo hacen a su alrededor.
La verdad es la verdad,
yo solo pongo los ornamentos.

DEL LENGUAJE POÉTICO

MIS ORACIONES

Ahora que veo en la escena
a una niña que pide la intercesión de la Virgen
pregunto:
donde habrán quedado las oraciones
que hice de niño.

Ese pedir con lágrimas en los ojos
la intercesión divina
en asuntos terrenales
es familiar y relevador.

Qué decían mis oraciones.

Qué pedía.

Por cuales razones preguntaba
y que dolores podía tener un niño tan pequeño
¿Acaso entendía lo que me rodeaba?
¿Era más consciente que ahora
que cargo con un fardo de miedos y angustias
distorsionando lo que veo y escucho?

Mis problemas de entonces:
¿los habré olvidado, irresueltos?
¿Habré sido ayudado?

LO QUE COMPONGO

En la efervescencia del sentir
preparo el poema.
Disloco sentidos.
Uno palabras
que la mirada ordinaria juzgaría dispares.

Doy un nuevo hogar a la tristeza
que se abate impredecible en el ser
sin explicaciones.

Esa dama – río.
Cauce del cual desconozco la naciente
y que termina por estrellarse
contra todas las cosas que soy.
Cabeza de agua que buscara
pulverizar los huesos de mi pecho.

Entre tanto pregunto
si de verdad poseo una voz propia
solo para descubrir
en el reflejo de sus aguas
que me poseen otros lenguajes,
que soy una amalgama tibia
entre lo que siento y lo que escucho.

TÚ

Como la mano que frota la lámpara del genio,
tú desatas en mí
el vaho de un lenguaje en éxtasis.
Me tiendes la mano
para subir a cantar
a la carrosa dorada
en la entrada de un paraíso Dantesco.

Me permito la corona de laureles
y digo:
tú hablas
para que otro conozca
el peso exacto de tu verdad.
Preparas el camino
para el espíritu pobre en palabras,
virgen de lenguaje.
Pronuncias o dices
las frases ocultas
que nublarán nuestros sentidos.
Asemejas al indio sentado
hablando
-con una lengua secreta-
su éxtasis,
narrando
desde su garganta florida
la creación del mundo,
rodeado de estrellas
en la noche más oscura.

¡Oh embriaguez religiosa
del animal que aprendió hablar!
Eso somos.

HACER LA VOZ PROPIA

Hacer la voz propia.
Ser la voz propia.
Llenar la vasija de la conciencia
hasta que el borde rebose de lenguaje.
Que el agua de lo que somos
caiga sobre los otros
tal como cae la lluvia.
Querer tener un decir propio
y que su prisma permita
que otros sean escuchados.
Pero más que por ellos
hacerlo por ti:
por soltar las riendas
de lo que te inquieta y te recorre
como un tropel de caballos enloquecidos
en el efluvio de las venas
y así nombrar aquellas cosas
por las que te permites soñar.
Establecer una nueva comunicación.
con los rincones obscurecidos del espíritu
y encender un fuego en las coronas de la gente,
tal como hiciera el cristo en pentecostés.
Cantar, cantar y cantar.
Ofrendar tu vida como una canción.

DE ESTE POZO SECO Y PROFUNDO

Este anuncio de oscuridad
que cayó sobre mi,
robándome.

Este mal tiempo
de energía vaga y dispersada.

Esta mala fortuna que por cierto nadie pide.

Antes corría en mí el pensamiento creativo
y las discusiones que engendran
-cual proceso dialéctico-
nuevas conclusiones.

Poseía ideas.

Un hilo de voz me dictaba.

Ahora se han ido
y no sé si he cambiado para siempre
o solo por un lapso de tiempo.

¿Será toda mi vida
este proceso en caída?
¿Un programado languidecer?
¿Volveré a escuchar la voz creadora?
¿Podré recuperarme y salir
de este pozo seco y profundo?

HABLO

Hablo, pero
ya que todos escuchan lo que quieren
es mejor decir nada,
salir y cerrar de un puertazo
sin remordimientos o culpas.
Yo digo que hablo
pero a veces salen de mi
cosas que ni se le parecen.
Quiero decir un jardín de ensueño
y sale un patio abandonado poblado de maleza
donde lo único que invita a lo religioso
es el silencio que han dejado
quienes han pasado por ahí
como imágenes de un recuerdo.
Vestigios de estatuas mohosas y agrietadas
son los sueños y anhelos más profundos:
como un querer que haya para todos
el cariño de una madre enternecida por nuestro llanto.
La caricia en nuestra mejilla
en la noche del mundo
donde un drogadicto sueña con una extraña persecución
en la acera de alguna avenida nombrada según algún prócer
o personaje ilustre de la historia patria.

Pues vuelvo a ese patio
y comulgo conmigo mismo
en un banco frío por el viento de invierno
para hablar con mis recuerdos.

HOY LA VIDA TE LO RECUERDA

Este es el viento que trae de regreso mi nombre.
Este el viento que sabe cómo me llamo.
El que ondea la bandera que lleva el color de mi sangre.
La vida me invoca, me agradece, me llama.
Me dice: *"lo recuerdas,*
eras como un niño erigido sobre el risco de su propio misterio"
Este mi nombre, yo lo había olvidado.
Este es mi afán, claro, ¡lo innombrable!
Como todo humano quise actuar sin límites.
Como una deidad he querido serlo todo.
Este cerebro electrificado y hormigueante
es la señal de que sí, yo vivo.
En las palabras habito, extráñame en el silencio.
Mi nombre es invocación y vacío,
dulce epopeya del héroe contra lo bestial.
Viaje y retorno, mándala y Gestalt.
Recoge tus pedazos.
Vuelve a erigirte ciudad.
No te pienses vano,
hoy la vida te lo recuerda.

EL AGUA

Oigo la caída de las gotas de agua del grifo.
Soy el asceta meditando en la piedra
    junto a la cascada cristalina.
Desnudas las paredes de ruidos personales,
ausentes de voces conocidas,
las gotas me parecen golpes definitivos
que van erosionando mis pieles, mis máscaras.
"Algo ha cambiado", reflexiono.
Cuando has creído estar ante la presencia de lo milagroso
y has presenciado como esta ilusión se quiebra
como una estatua maligna quebrada a manos del pueblo
siendo lo único a lo qué asirse,
tu espíritu desamparado no tiene otra opción
que volver a encontrar el camino a casa,
que volver a crear con sus propias manos
la efigie del sentido que se quebró en un rayo de locura.

En la efervescencia del pensamiento,
en esa apofenia cuasi milagrosa yace contenida
la caída hacia el silencio y el gesto de la abulia.
Es buena la soledad para cuajar el espíritu.
Es bueno el silencio en contraposición
a la verborrea del ambiente y su locura.
Suena el agua.
Soy el agua.
Recupero la voz silenciada
por la muerte temporal de la razón.

MANIFIESTO

No ansié mi alma un lugar en el coro de turno
ni tome aquella postura depresiva al ver
cómo le sobrepasan desfilando
los poetas de su generación.
No envidie cosechas de frutos ajenos
ni sucumba a la codicia de una carrera laureada o exitosa,
porque la baba que le escurre por la boca sedienta
termina por corroer como un ácido el noble oficio de la
escritura.
Que el anhelo por la creación
no pisotee las flores del jardín de lo increado.
Baste la contemplación
antes que el manchar las obras
por avaricia o miedo.
Sepa el escriba reconocer sus límites
y si al intentar superarse este fallara
que su sola caída le baste de castigo
cual primer ángel que cayó del empíreo.
Quieto en la admiración y activo en la reflexión
entenderá que la belleza le permite existir
y no el reconocimiento de los otros.
Que coloque en sus repisas las imágenes
de quienes escribieron en soledad
y no dieron concesiones por premios o recompensas.
Que madure siempre su oficio y sus ánimos
y que se curtan estos lo suficiente
como para dar el vino esplendido.
Que la carrera implícita de las cosas

jamás secuestre su esencia,
y llegue noblemente a ofrecer el oro a los suyos
para que lo creado sea compartido
como los alimentos por los que luchamos
al rayar el alba.

TRABAJO

"Que triste verte a ti
que escribías cosas tan bellas
y prometías un futuro tan brillante
sumergido en una vida de oficina
opaca y asfixiante"
dice la poeta.

Yo solo pido y más no solo pido,
sino que me dispongo
a que nunca me falte la ensoñación,
el impulso por hablar y decir,
las ganas de crearme y de crear.
Que venga el ocio en cualquier momento
que yo sabré guardar para mi
sus susurros e ideas.
No querré para mi
ese suicidio voluntario que es
una vida sin decir lo que se piensa.

EL ESCARABAJO DE ORO

La gente derrama sus extraños pesares, odios y certezas,
convertidos en amargos líquidos
en mis preciadas copas,
sin pensar (nunca piensan)
que el recipiente no es
para llenarlo con cualquier cosa.

Oh recipientes que se van resquebrajando…

Poco a poco el escarabajo de oro que guiaba mis sueños
ha muerto
y no señala la dirección
y mucho menos el sitio
con el que sueña mi cuerpo
y con el que soñaban mis palabras.

Intento imaginar sus alas
pero solo escucho el aleteo de su ausencia.
No es más que una imagen evocada por mi cerebro.

Ahora soy yo el insecto
Parco y seco, ebrio y atontado,
empujando la bola de tierra, la carga de los días,
imaginando mover al sol
entre delirios, ideas y extrañezas.

La gente habla y dice,
pero nadie piensa:

te llenaré con el licor más fino,
con el extracto de la hierba más bella que guardo,
no querrás nunca lavar esa copa,
no querrás nunca lavarte
ya que tú eres la copa.

OTRO HOMENAJE

Ella le canta
arrodillada entre susurros
bajo la lluvia musical
y la noche omnisciente
—la única presencia—
a un pájaro muerto
buscando entre sus restos
el símbolo que este cantó
antes de morir,
todo para ofrecer su cuerpo en una fogata
y hacer de su crepitar
un anuncio del silencio.

BAJO EL PALO DE LIMÓN

Bajó el palo de limón
que simulaba ser el árbol de Buda,
el árbol del paraíso cristiano,
o el fresno Yggdrasil,
yo solté unas cuantas palabras
de una ternura tan fuerte
para un niño de apenas 8 u 9 años
a una niña de cabello negro
que no podía creer que un niño hablase como un hado.

Es por eso que yo sé
que existe la fuente inspiración
y que alguna vez alguien o algo
habla en vez de nosotros mismos
en un rapto de ebriedad y ternura
bajo el sol de media de tarde
en el patio de tía.

El alto lenguaje existe
y es propio hablar de y con
las cosas más reales.

Es por esto que los poetas somos
fácilmente subestimados
fácilmente incomprendidos,
fácilmente burlados.

TU LIBRO, RAÚL

Tu libro.
Sí, tu libro, Raúl.
Es un anochecer completo.
En esta noche que se parece a tantas otras
en las que he intentado escribir un poema
a fuerza de negación porque los dos sabemos
que el poema siempre se está escribiendo y en cambio
nosotros apenas y balbuceamos lo que de él atrapamos
como si se tratará de sintonizar una señal oculta.
Termino el Libro de la locura y quisiera llorar,
     pero no puedo.
He olvidado como hacerlo o quizá mi pretensión
     de joven me haga pensar
que ya nada en el mundo me hará sufrir más
     porque me he amigado
con el dolor, e intento dar lo que él me ofrece
—palabras, palabras, palabras—
y pienso que la estatua de arena en el mar que yo era
se ha petrificado y nada hay ya
     que conmueva mis cimientos.

Pues padeciste amigo
qué se puede decir.
Tu ya lo dijiste: poesía para quien viva poéticamente.
Y a fuerza de locura y peligros lo hiciste.
Tal vez haga mal en querer llorar porque es el destino
que tu escogiste.

Y solo por ser tú decisión esta merece
      todo el respeto del mundo,
aunque algunos la consideren arriesgada e inútil.

ACOSTUMBRADO A MIRARSE,
NARCISO DICE

NO TANTO...

Lo que no te dieron
Lo que no te dan
Noviciado atroz
ALEJANDRA PIZARNIK

No tanto lo que me fue dado
como lo que no.
No tanto lo que sé
como aquello que ignoro.
No los libros leídos
sino los que quedarán sin leer.
No las palabras que me dijeron
sino las que no escuché
o no quise escuchar.
No los amigos que tuve
sino los que no tuve.
No los vínculos hechos
sino los que pudieron haber sido.
No tanto los presentes
sino las ausencias.
No tanto lo que soy
sino lo que me hizo falta para ser:
(proyecto no mirado, misterio no estudiado).
No tanto lo que pedí
sino lo que mi espíritu necesitaba.

Sueño ser digno
(ser un signo)
de un culto que se apreste a mirarme realmente.

Que no me permitan escapar
de mi propio laberinto.

Una ronda de seres encapuchados
sosteniendo el espejo
en el que conoceré mi verdadero rostro.

LA CASA

Por un momento imaginé como sería despedirme
    de esta casa.
Símbolo variado y sin recuerdo definido,
    pero por recuerdos poblado.
Fuente de locura y desesperación extasiada.
Como habría yo de renegar de las paredes
    que escucharon
mi silencio más ruidoso y desesperado.
Mi silencio más claro.
Como habría yo de renegar de las paredes
    que recibieron la luz del amanecer de navidad
y bajo la cual yo admirada a mi hermano armar figuras
con su intelecto orgulloso.
Como enojarme con la casa vieja y de madera
    donde mi hermana dejó el aprisionamiento.
Donde una niña descubre nuevamente la vida
    y donde yo trato de escucharle atentamente para
conocer los secretos designios que dicen sus palabras
sus gestos y sus silencios.
La casa donde mamá sembró su corazón
    para que nosotros pudiéramos crecer.
Pero sobre todo la casa que conoce mi voluntad de vivir
y mi sentido más secreto.
El sentido por el que vivo.
La determinación de llegar hasta el final.
El amor que desesperadamente trata de salvar a los míos
del sufrimiento que el mundo se empeña
    en reproducir de manera sutil pero clara.

Amor que no es amor sino sufrimiento también,
   intención benevolente pero hacedora del camino
   al infierno, como asegura el refrán.
Casa que hace brotar de mi párpado una lágrima
   tan valiosa como el mineral más oculto.

ADENTRO DE MÍ

Adentro de mí
un niño transparente como el agua
danza al compás de una música secreta y encantadora,
en un horizonte claro
como el cielo de la semana santa.

DESDE QUE NACÍ

Desde que nací
un poco abúlico,
en un trance leve
como un ala de mariposa.
Desde que nací conocí las cosas
porque alguien me las ofrecía,
no porque yo las buscara.
Conocí la felicidad en el gesto de alguien.
El impacto de la belleza en el otro
me hizo querer apreciarla.
Conocí la luz del día por la costura de la noche.

Sí, desde que nací
un poco distraído, sin censura.
Un poco lánguido,
como planta que delgada alcanza
su punto más alto.
Un poco perezoso
como si nacer me hubiera quitado todas las fuerzas
y no fuera el parto lento y cotidiano que extendemos
a fuerza de lágrimas o gritos.
Nacer y vivir
es naufragar.

ELEVAR EL CANTO, UN AFUERA

Porque si no lo digo yo,
poeta de mi hora y de mi tiempo,
se me vendría abajo el alma, de vergüenza,
por haberme callado.
ABIGAEL BOHÓRQUEZ

DESOBEDIENCIA

Vuelve el cielo a oscurecerse
como en tantos otros días ya gastados.
El tacto del frío viento se repite una y otra vez
en ese girar la rueda y el madero de los días.
Los autos giran en las mismas rotondas.
Las esculturas resisten, implacables,
el ritmo de un día más o un día menos.
Todos obedientemente acatan las reglas
y realizan sus funciones consabidas.

"Todos los días alguien hace el mundo", pienso.

Alguien construye la vida propia y la del mundo.
Pero quien nos dice que vivimos
en una fantasía ajena y soñada de antemano?
Quien que otro dispone de nuestras fuerzas
a cambio del oro.

En nada nos diferenciamos del roedor
que hace girar la rueda a cambio de comida.

Sí, es cierto,
nos reinventamos en una limosna de libertad
que otro nos otorga,
jugamos a ser amantes,
exploradores o artistas,
o ensalzamos un beso miserable
porque es la única manera de sabernos

desalienados.
aunque contaminemos al otro
de nuestros vicios y bajezas;
entonces vemos que lo que hacemos no es amar,
sino que somos la ausencia de la lluvia,
la parquedad de la luz,
desnutridos de lo que realmente importa
a orillas de una playa
en la que morimos de sed
y otros intentan secuestrar el mar.

SOMOS EL ORO

"Un montón de gente, un mar de fueguitos
Cada persona brilla con luz propia entre todas las demás"
EDUARDO GALEANO

Rápidamente a un colegio secundario,
a ejercitar los lóbulos cerebrales.
Rápidamente expuesto
a los gestos groseros de quienes se regocijaban
en su superioridad intelectual.
Rápidamente juzgado y burlado.
Rápidamente internado en la maquinaria educativa,
haciendo de mí un receptáculo
donde cupieran las palabras más solicitadas en el futuro
por los que ponen el mundo en orden.
Pero nadie quiso saber por la edad o el tamaño de mi
alma.
Nadie quiso saber qué saber de la historia
podía encender mi intelecto
—como brasas al fuego—
ni con qué magnitud medir mis dudas
y mi hambre sapiencial.
(El debate nace por la duda del aprendız).
Pues es imposible educarnos a todos de la misma manera.
A cada uno su propia medicina.
Y mientras unos se sitúan mil años adelante
otros apenas reconocen extasiados
la capacidad poética de la razón
y se pierden en el pensamiento mágico.
Somos una gramática secreta de la naturaleza.

Pero ellos rápidamente nos leen,
no con la paciencia para hacer de nosotros
     un sol esplendoroso,
sino con la ansiedad de quién sufre y deposita en el otro
sus más desesperadas esperanzas.
Hagamos el paro entonces,
y sepámonos más nuestros que el aire que respiramos
porque somos el oro por el que pedimos
     en nuestras oraciones
pero a ellos no les conviene saberlo.

ESTE ES TODO EL MILAGRO

Este es todo el milagro.
Lo que puedes ver es lo que hay.
No sufras
por esa pesada carga que es
desear ser otro,
o simplemente desear,
a secas.
Esto es justo lo que ha podido producirse
bajo las secretas leyes o el aparente desorden
que rige el universo.
Lo que hay es lo que tocas con tu mirada:
unas palabras estampadas en la portada de un libro,
el sepulcro que es la cama donde reposas,
la media silla que compartes
con el gato que ahora duerme cerca de ti,
el silencio de la noche
en que desfloras todo lo que en ti
brota.
Piensas que vivir no debería ser tan trabajoso.
Que no deberías estar tan cansado.
Que hay algo mal,
pero quizá no sea así.
Vivir talvez sea
prolongar con nuestros actos el grito que dimos al nacer.
Un esfuerzo prolongado en una obra
para los que vendrán.
Un pasar la llama que todos tienen
y pocos tocan.

MARÍA DE LAS NIEVES

No, no todo tiempo pasado fue mejor.
Podríamos discutir sobre sus ventajas,
sin exceso de estímulos electrónicos
y de una mayor conexión con la naturaleza.
O podríamos hablar de la pobreza material,
el sometimiento de la mujer por el varón (aún vigente),
el exceso de poder, la desigualdad y las enfermedades.
Pero el tiempo de María de las Nieves
        fue uno arduo e inclemente.
Devota de Cristo y fiel seguidora de la iglesia,
como la gran mayoría de las mujeres de su época,
era raro que faltara a la misa y frecuente el hecho
de que se persignara ante alguna cosa que amenazara su fe
o el sentido común que había heredado de su familia
        y su pueblo.
"Nievitas" hizo de mamá, de obrera,
        de empleada doméstica, de peregrina.
Crío a mi madre mientras otros trabajaban
y cometió errores propios de ese tiempo.
(El hombre falta en esta ecuación
porque era común
no tomar responsabilidad por los propios hijos e hijas).
Tampoco podría contar la cantidad de prendas que
aplanchaba en un día,
para ganarse algo, muy poco, de dinero.
Aun así no me parece que fuera avariciosa.
Pequeña, si, muy pequeña.
De faldas largas y palabra sencilla.

Con la malicia única en cierto tipo de gente
dejaba su bolso en la recamara más segura de la casa
y recuerdo a mi hermano molesto
     por sentir invadido su espacio
y a esta mujer humilde y sencilla ayudar a mi madre
     en el quehacer de la casa
aunque ella fuera la invitada.

Alguna gente afirma que toda obra buena
retorna a uno de alguna u otra manera
pero si esto fuera cierto
cómo María de las Nieves se marchó
entre una soledad tan grande,
con tan poca gente alrededor que verdaderamente
     la quisiera,
y como era que representaba para muchos más bien
     una gran carga?
Sembró más nunca obtuvo su parte de la cosecha.
Nieves llamaba desde el asilo
diciendo que se encontraba muy bien,
ocultando su verdadero sentir
para no molestar
ni aumentar la pena de los suyos.

No hay que equivocarse.
No siempre recibiremos algo a cambio por lo que damos.
La vida no siempre es justa.
Muy rara vez lo es.
El bienestar del otro debería ser premio suficiente.

SOBRE LA HISTORIA PERSONAL

Solos, realmente solos,
como escarabajos empujando la bola de tierra
representando el peso de nuestra propia historia.
Solos con el calor de la llama.
Solos con el recuerdo de las imágenes.
Solos con nuestras conclusiones.
Nadie, pero nadie vendrá a nuestro auxilio.
Solo nosotros podemos levantarnos del lodo inevitable.
Limpiarnos la sangre de las rodillas y secarnos
las lágrimas que brotan como cristales.
Una vida vivida en libertad y en comprensión
	si merece ser vivida.
Pero nos empeñamos en hacer todo difícil.
¿Dónde está la primera herida?
	¿Dónde la primer decepción?
Oh la aurora: ese símbolo de que tu vida ha sido salvada.
De que no fuiste absorbido por la nada de la que viniste.
La verdad es un trabajo duro, pero honroso.
Y algunos solo quieren mantenerte encerrado en un
oasis de placer
porque eres un fuego,
un vendaval.
Tú mismo símbolo de la destrucción y la creación.
Hay que liberar el animal del que vinimos
y honrar al Dios que seremos.
¿Acaso no eres consciente de la fuerza con la que pisas?
¿No es suficiente aviso el sonido que hace una sílaba
	en tu garganta?

¿La fuerza con la que sostienes las imágenes del pasado?
Ahórrate la costumbre de juzgar.
Mejor harías en comprender lo que te rodea.

LIBERACIÓN

Poder decir: "no, Jesús se equivocaba".
Decir: "el texto que diga qué es lo sagrado,
    no es sagrado".
Poder decidir sobre la propia vida, sin temer el castigo,
sin ansiar un premio.
Pelearse con los llamados sabios.
Sobreponer el propio llamado antes que la rigurosa regla
o el bien temido mandato.
Criticar, liberar, cuestionar.
Dejar que nuestra insatisfacción y descontento pesen más
que la obligación por ser felices y agradecidos.
(¿Agradecer algo que nunca pedimos?)
Volver sagrado lo desechado, lo ignorado, lo subestimado,
es decir: volvernos sagrados.
Liberar cuanto de infierno tengamos para alcanzar lo divino,
para que nuestro propio fuego nos ilumine.

TESIS – ANTITESIS – SINTESIS

"A veces pasan cosas irreversibles, muchacho"
dice el viejo algo sorprendido pero seguro.
"Pero tú puedes hacer algo al respecto si quieres"
le reclama el joven de cabello dorado.
Quien tendrá la razón:
el hombre sabio que se reconoce minúsculo
ante la danza de los sucesos,
ante el rostro multiforme del destino,
o el joven erguido que se reconoce sin límites
y capaz de doblegar al mundo a su paso.
Dos posturas pulsan
dentro del mismo corazón
ahora dividido entre viejo y joven:
la aceptación y la negación del destino.
El poder nadar contra marea
o aceptar la dirección del cauce.

CANTAR SOÑANDO

POR LOS DÍAS Y LAS NOCHES

Así se va saliendo
de las aguas del sueño:
(ricas en decires
y haceres secretos),
con el cuerpo tambaleándose,
y la visión borrosa.

Así, para luego volver
a las mismas cosas de todos los días,
para luego sentir el hambre,
ser poseso del aburrimiento
y las demandas del cuerpo,
mientras abajo, sepultado,
yace todo el dolor del mundo
gritando.

Salgo del teatro de los sueños
para entrar en otro teatro.

Así un movimiento que me lleva
por los días y las noches.

Girar perpetuo del astro que somos.

NOCHE

Hoy soñé -entre otras cosas- que por fin te abrazaba.
Que sentía el calor desprendido
por tu pecho en mi rostro.
Me despedía del frío entonces.
Te rodeaba con mis brazos
amenazando ser uno contigo, salvando las distancias.
Después de aquella decisión de escindirnos
por fin te veía
y después de tanto esfuerzo,
de tanta lucha por estar bien,
por nadar contra corriente,
corrí como nunca había corrido.
Me abrí paso entre un corredor amplio
poblado de transeúntes que iban y venían
hasta descubrir tu espalda cubierta
por tu pelo largo y oscuro.
Ibas con un vestido de flores naranjas
y asemejabas la primavera.
La falta le decía a mis ojos
que nunca serías más bella.
Lo terrible -como es sabido- fue despertar
después de sentir que regresaba
a los reinos de Amor
ahora abandonados.
Por un segundo volví a sentirlo y la atmosfera
me decía que descansara.
Que ya estaba contigo.
Que ya había llegado.

PARA ANTES DE DORMIR

Pongo los sueños y anhelos en suspenso.
Viene la paz que solo se consigue
tras alcanzar el punto meditativo
de la acción ininterrumpida.
Soy la laguna mental del orador memorioso.

Noche: intercambio de pensamientos
por el montaje teatral de los sueños
(donde también pensamos).

Flotan las expectativas.
Cesa el cauce verbal.
Dejo descansar la voluntad
para invocar imágenes secretas.

SUEÑO

Una luna abismal
tan cercana como una montaña
sembraba en mi
el horror cósmico
y múltiples seres semienterrados en ella
se movían y deliraban,
exclamando cosas ininteligibles.

LUNA LLENA

Sol de extraña lactescencia:
acerca a mí tu rostro ahora que no guardas
la intensidad del animal incandescente.
Recuerdo de otro Yo
que levantas sabiamente el agua de los cuerpos,
dime qué significa una vida
en la edad del universo.
Rostro mudo y nunca estático,
qué locura desatas en el océano cerebral,
qué caminos iluminas para el jaguar y el manigordo,
qué sombras para el Búho,
tú que estas allí orbitando en la bóveda celeste,
en esa cámara oscura que poco a poco se auto fagocita.
Paciencia milenaria:
haces que inhale millones de siglos,
para morir otros tantos.
¡Ah el cortejo estelar!
El suave moverse de las galaxias,
de los cuerpos del cuerpo mayor que es el universo.
Oh aprender a vivir así:
en danza extasiada y silenciosa,
en un vacío más grande que el vacío.
Adiós a tu faz lechosa y avara de luz.
Adiós al recuerdo de otros tiempos.

4 de mayo, 2023.

DIOS ES MI AVENTURA:

TU SOMBRA

Porque mientras más buscó el ser
y más aprendió la realidad
como si leyera la palma de su mano;
y cuanto más nombró y se dejó asombrar
por lo que investigaba,
más lejos aprendió a estar de ti, Señor.

El espacio oscuro
que alguna vez alguien pensó vacío
y en el que antiguos griegos avistaban otros espacios
lejanos como puntos brillantes,
es el mismo espacio que nos hizo dudar
de que tenías un lugar cercano a nosotros,
de que eras próximo a nosotros,
de que sentías quizá el mismo viento
o percibías la misma luz que nos hermana.

La bóveda celesta guardaba
el mismo silencio que le concedes al que reza.
Muchos te vieron en el sol,
otros en una visión secreta
concedida por la embriaguez de la luz nocturna
y algún hongo sagrado.
Se creyó que nosotros mismos éramos tú,
y algún científico quiso citar un pasaje sagrado
al ver resplandecer una bomba atómica en el paisaje.

Un eclipse fue leído por muchos como un mal presagio
a tu humor relacionado,
pero no tardamos
-si consideramos el tiempo de la Historia-
en aprender que era solo la danza celeste,
el movimiento rotatorio de los mudos ídolos.

En este momento admiro como se apaga el sol
y el silencio del crepúsculo que antes apreció
una generación de gente que levantó países
es expulsado ahora por los ruidos de la ciudad,
los ruidos electrónicos,
la chachara siempre presente
fuera y dentro de nuestro ser.

Quisimos compartir el milagro de ser
con otras posibles formas de vida
y enviamos música e imágenes dentro del Voyager
a través de la penumbra
con o sin fin del espacio exterior.
Aun así, algunos deliran con tu nombre.
Tu sombra es hogar de muchos
y guías actos de la más variada índole.
Tu silencio es el ruido de nuestra propia mente,
la duda sobre tu existencia
puede alargarse por toda una vida,
o por varias.

Algunos han querido conocer tu rostro
y se ha dicho que no hay vida terrenal
para quien conozca tu faz.

Tantos te han buscado
y tú los castigas con una ausencia de siglos.
Tu nombre pierde valor
entre tantos otros de tu estirpe sagrada;
se dijo que una partícula subatómica
cargaba con tu significación,
y toda confianza en ti desaparece
cuando pensamos en la deuda
que parecen no deber el criminal,
el violador, el político corrupto,
el padre o la madre negligente,
el familiar abusivo, los destructores de infancias
y la progenie de traumas.

Como el mundo invertido del árbol y sus raíces:
hablar de ti siempre será complejo
en el sentido más arcaico de la palabra:
no es posible pensarte
sin pensar en el rayo de sol,
en el murmullo de las olas,
o en la potencia secreta de la vida que crece
y de la cual somos hermanos.

Común es el castigo
de buscar en una ráfaga de aire
un designio tuyo,
una sincronicidad aparente,
un guiño de alguien que nos guía y nos dice
que vamos por el buen camino.

ESTA MANÍA

La sed que con su fuego más que la muerte mata.

RUBÉN DARÍO

Esta manía mía
de adorar dioses extraños que me ignoran,
de sacrificar la vida que soy
por algo que no es,
a condición de ser otra cosa.

Esto es lo que toca:
vivir bajo la promesa de un dios vengativo
o la soledad y el ostracismo de quien decide
permanecer aislado, lejos de lo ilusorio.

Se me dijo "aprende a morir"
y al ver mi mente languidecer
no tardé en asustarme
y en renegar del camino que empezaba.

Constante pedir y rechazar,
buscando aquello que realmente
apague el fuego de mi deseo,
cual arquero que busca acertar en la diana.

Realidad y deseo,
serpiente bicéfala en perpetua contradicción.

De chico siempre busqué
ser agradable a los ojos de dios

Creí en lo que de él se me decía
ciegamente.
Hoy oscilo como un péndulo
entre la posibilidad de su existencia.
A todos nos han ofrecido
la promesa de otra tierra benevolente,
el premio por vivir de manera ética
o nos han amenazado
con castigos ulteriores y definitivos.
Tengo que decir
que cada palabra que me han dicho,
—cada promesa o amenaza
(mucho se parecen)—
son como brazos que reclaman
diferentes partes de mi espíritu.

SOLO EXISTIR

Momentos fugaces de una sed extraña y silenciosa.
¿Sed de ti acaso? ¿Sed de infancia?
De niño que recién despierta de su siesta,
donde le es más fácil resucitar a la vida que al adulto?
¿Sed de muslos, de regazo donde reposar la cabeza
y sentir como se pierden tus dedos entre mi cabello?
¿Sed de labios abiertos para encajar con la sed los míos?

Oh sed de licores que hacen brillar la consciencia
como una lluvia de cristales que dispersan el haz de luz.
Sed de otros parajes, sed de mí de perseguir
tu cuerpo que se esconde risueño entre el boscaje.
Sed de tu intelecto y de tu presencia,
de tu sarcasmo y tu risa.
Te busco por avenidas secretas y nocturnas en sueños,
te busco también a ti todas las noches amor,
con mi sexo despierto.

Sed de qué Dios sed de qué.
Sed de que me digas de qué es mi sed.
Pues sed de ti ausencia de lo amado, sed de mi vacío,
sed de mi fracaso,
de mi desilusión desamparada.
Sed de cachorro que tras correr por la montaña
se duerme a los pies de su amo: niño… niño.
Sed de la vida quizá porque la consciencia ensucia todo.
Entonces sed de vida.
Sed que tras ser saciada no busca escribir.

sino solo ser.
Sed de vivir claro y fortuito
Solo sed de existir.

RENDICIÓN

I'll be dancing in the wilderness till my dying day.
MATISYAHU - SURRENDER

Subrepticio es todo lo que me mueve.
Se mete dentro de mi piel, por los poros.
Socava mi espíritu, lento, pero fuertemente.
Más rápido que la conciencia,
burla los mecanismos del ego y su ojo constante.

Sí, lo que intento comprender escapa
como agua de una red tirada al océano.
Mi enfermedad eres tú, Señor.
La enfermedad eres tú.
Puesto que somos una creación imperfecta.
Puesto que nadie ha dicho que hemos culminado el
proceso.
El padecer seguirá siendo parte del cuerpo, de la mente
y como el filósofo dijera
solo las generaciones que abrasen la anterior
podrán crear hombres más sabios.

Porque tú también escapas a todo entendimiento
y no porque me muestre desfallecido
desnudaras tu rostro ante mí.
Eres el padre más astuto
porque estás más allá de la culpa que yo pueda engendrar.
Eres el milenario movimiento que en su lentitud
es divino y celeste.

Como un titan tus pasos son lentos, pero abarcan
gran cantidad de espacio
y de tiempo.

Porque de lo único que doy cuenta
es de mi ignorancia y de mi padecer
aunque a veces mi espíritu se eleve
y crea poder encerrar en sí
la dinámica secreta.

Pero ahora recuerdo al sabio
que dijo: ¿puedes encerrar
al océano en la palma de tu mano?
Yo digo: ¿puedes encerrarlo todo
en tu pequeño intelecto?
Son solo dos ojos los que me fueron otorgados.
No soy ningún ángel.
Hay una guerra en mí:
la mano que busca atrapar la luz
y la que sabe lo que la luz quema.

Malditos sean la prisa y la memoria
que ponen velos al rostro del asombro
y me hacen sentir como un anciano decaído.

Giran y giran las esferas desnudas
en la extensión continua de la barca oscura
como el Bribri que meditara tres días con sus noches en
la oscuridad
hasta que ha dominado sus temores
y se ha fundido en la ausencia de luz.

FÚTBOL

Suena el silbato:
los cuerpos comienzan a moverse tras el esférico.
Los rayos del sol encienden las nucas,
los morenos brazos.
Una marcha clandestina son los tacos sobre el césped.
Algún hombre
detiene sus diligencias
para observar desde la malla.
Otro mira hipnotizado desde el portón de su casa,
de su jaula.
Los cuerpos transpiran,
las temperaturas suben y bajan,
una patada sónica
dispara el balón
al otro lado de la cancha.
Algunos gritan:
"¡Eso es falta señor!"
"Vamos César"
"Pasala cabrón"
Y un aplauso inesperado
celebra una jugada corta.

El balón,
(en algún momento más pesado
y completamente de caucho)
puede semejar al sol y su movimiento celeste
en esa arcana revelación de mitologías antiguas:
Mayas, Mexicas, Olmecas,

convergen en el solo acto de jugarse la vida por el gane.

Juego de la pelota mesoamericano, Ullamalitzli, Batos,
Balompie, Manga Ñembosarái, futbol,
más de 3000 mil años después
poco ha cambiado,
así se divierten
los nuevos dioses sobre la tierra.

COMO SI DE GRAVITAR ALREDEDOR DE UN ASTRO SE TRATASE

A LA ESFERA PRECOLOMBINA
QUE NO ERA REDONDA

El tiempo mostró las esferas
para guardar la evidencia
de un conocimiento antiguo
PAOLA VALVERDE – EL PAÍS DE LAS ESFERAS

Yo te quiero, esferita,
y aún más, te celebro y te canto
como diría el viejo Whitman
porque eres rebelde y única en tu apariencia
e intentas ser como las otras, pero no te sale.
En tu esfuerzo está tu grandeza
Tu forma siembra duda, tu condición sorpresa.
Tu tranquilidad me mece.
Tu silencio de piedra cae.
El sol de Puntarenas,
llena el aire y frutos nuevos nacen.
Aquí intimidan los árboles panzones y grises
entre el vapor de la estación seca
(no sabemos de otoños o primaveras).

Color de historia eres la mejor amiga
del sol y de la lluvia.
El agua que erosiona la piedra
no lo ha hecho con estos ojos que ahora te observan.
Ya roída se me ocurre pensar en tu propósito
pero hay que saber que nunca sabremos todas las cosas.
Tu mudez nos invita a aceptar los misterios
mientras nosotros arañamos las piedras del pasado.

CUANDO FALTES

Mira a este perro y su paciencia.
Disfruta de echarse en el umbral abierto
para sentir el viento en su rostro
y hacer de guardián de la entrada
(recuerda su deber de Cerbero,
su instinto mítico).
Apenas tiene los párpados abiertos
porque el tiempo hace que pesen más las cosas.
Está ciega y no ve.
El tono ahora gris de sus ojos
refleja la luz del día.
Tal vez no fui el mejor amo.
Di lo que la medida de mi amor me permitió.
Fue mi compañero en momentos solitarios
y de cuando navegué extraviado
en el turbulento oleaje del miedo.
Gracias, amigo:
a ti te debo más de lo yo te di.
Algún niño pensará
en un paraíso hecho a tu medida cuando faltes
pero yo creo que volverás a ser la nada
que ahora mira con tus ojos
y se reconoce viva.

POEMA A UNA MUCHACHA CON LA QUE IMAGINARA ENVEJECER

Mira, este soy yo.
Ellos dicen que tengo 25 años
pero hoy me siento tan anciano como una tortuga
y tan abúlico como un enfermo.
Imagino la ansiedad de tener que dejarte
—después de haber levantado las columnas
    de una vida juntos—
al azar y a la misteriosa muerte:
esa que todo se lo lleva con un dejo de rencor
como si nuestras manos por ser lo que son fueran impuras
y dañaran todo lo que tocan.
Todo nos acerca a la hora inevitable
e inevitablemente envejecemos a cada hora.
Solo espero que me acompañen el verde del pasto
y que la luz de la mañana
quiera abrir suavemente mis párpados ya caídos
como una enfermera destiende, al clarear,
suavemente las sábanas con las que se cubre el enfermo.
Que reine en mi la paz necesaria de quien ha luchado,
y cuente con tus palabras
como si estas fueran el agua que humedece
los labios agrietados del errante en el desierto.
Carta abierta para ti en el futuro,
expuesta tú a la incertidumbre de ser real
o solo una breve imaginación;
espero poder juntar tus manos con las mías
y poder recordar en una lágrima

lo dulce que sabia la miel cuando éramos jóvenes
y estábamos juntos.

COMO SI DE GRAVITAR ALREDEDOR DE UN ASTRO SE TRATASE

Cuando era de ti como la nube en el reflejo del del agua.
Dentro pero lejos.
RAÚL GÓMEZ JATTIN

Mira, qué vamos hacer.
Cuando estamos frente a frente
soy como una espada de doble filo:
sirvo para cosechar flores
o hacerte daño con mis palabras y gestos.

A la velocidad de la liebre
me apresuro a conclusiones, juicios,
desatando la neblina en mis sentidos
mientras tú hablas conscientemente
y yo intento entender lo que me dices.

Voy de extremo a extremo
dejando en evidencia
lo histriónico que puedo ser
cuando alguien me seduce.

Por otro lado, tú,
que siempre te has mostrado tremendamente calma
ante el desfile carnavalesco de lo que digo
has querido encerrarme
en el breve entender de tu conciencia,
en el rápido examen que hacen de mí tus ojos

como si yo fuera un insecto extraño y tú me colocaras
en una diminuta cámara de vidrio.

De pronto llega la distancia y el silencio.
La lejanía de nuestros cuerpos
y el recuerdo mutuo de nuestras voces se vuelve difuso.
Mis nervios reposan en lo que la razón intenta meditar
tus palabras
(dichas ayer o hace un siglo)
como si de gravitar alrededor de un astro se tratase.

Lo reconozco, el solo pensar en tu regreso
pone mi ser vulnerable deviniendo cristal
frágil siempre a tu voz cantora e indolente.

Me refugio hasta que regresas
y entonces, atado de manos, giro en una ruleta
en lo que tu calculas acertar tu cuchillo
en la manzana sobre mi cabeza y no
en el afiebrado centro de mi corazón.

He escrito estas palabras con las manos frías
de quien se sabe frágil.

Tiemblo, me vuelvo lento:
me he embriagado demasiado de ti.

A EMMA, EN SU SEGUNDO CUMPLEAÑOS

Con esa costumbre
entre paranoica y proyectiva
con la que imaginamos qué piensan los demás de nosotros,
te digo que la quiero tanto porque pienso
que al menos uno de los míos merece la felicidad.
Que quizá es por eso que río de sus gestos sorpresa,
invenciones, de su lenguaje en formación.
Vive ahora el trauma del lenguaje, es cierto,
y pienso ser cuidadoso con lo digo y gesticulo.
Su espíritu no tardará en fotografiar rostros y palabras
agradables o despiadadas.
La celebración de su segundo cumpleaños
trascurre en temporada de Samhain.
Las canciones y los juegos de la época ya han creado en ella
esos temorcillos infantiles que no tardan en dejarnos,
como el que yo tenía de la oscuridad
y con el que mi hermano mayor pensó
que sería buena idea molestarme.
Tropezará con la desgracia, es cierto,
        como todo ser humano.
Pero déjame soñar que su espíritu
        es como un conejo blanco
radiante de paz y de alegría.
Déjame ser compresivo con sus berrinches
        e incomprensiones.

Lo que de niños nos dan y lo que no
no nos abandona nunca.

SIGNO

Dejando caer las calaveritas del altar florido,
la niña quiebra el sentido de la muerte
y afirma mágicamente el sentido de la vida.

EL TODO ES MÁS
QUE LA SUMA DE SUS PARTES

Crece en mi la necesidad del tacto.
De una mano que se pose como mariposa
sobre mi espalda desnuda.
De sentir mi cuerpo como un cuerpo amado,
como objeto que la hiedra abraza y rodea
con sus brazos.
Crece la urgencia de otro cuerpo que explore
el mapa del mío con intensidad o pasión.
No sé si el cuerpo una vez amado
no puede ser el de antes.
(Aquel que se erguía sobre sí mismo,
y para el que bastaba solo un gesto a cambio).
O si mis veintitantos ya anuncian
la misteriosa vocación de reproducirse,
de prolongarse y prolongar
la experiencia del mundo.

Recuerdo que el suyo era un cuerpo voluptuoso
y su rostro
bello y contenido,
ocultando infinidad de gestos en uno solo disimulado.
Por las noches su imagen me visita,
resucitando del olvido como un Cristo inclemente
para hacerme pensar y pensar,
torturándome con la insistencia del ratón que gira la rueda,
dando más peso al instinto que a la razón.

Ella aparece
y yo construyo su cuerpo con piezas de recuerdos dispersos
como si los pedazos fueran a juntar el todo que ella fue
y ella no fuera más que la suma de sus partes.

A ELLOS

A quien, como dijo el maestro,
haya sabido desenvainar la espada por amor contra los suyos.
A quien haya creado y haya quedado
en el ostracismo, aislado, oh isla de cielos rugientes,
de hielo y fuego apareándose
y pura vegetación, hostil y única.
A quien se haya jugado la vida sabiendo
cuando no hay que jugarse la muerte.
A quien destile como yo el veneno
y lo vuelva miel amarga y brillante.
A quien entienda que lo que cuenta
no son tanto las respuestas como las preguntas.
Quien vea en el movimiento de la organización social
la decadencia de los cuerpos.
A quien entienda de desamparos contemporáneos
pensando en la ausencia de dios.
No me mal entiendan.
No sostengo retornar a dios
una vez que este ha sido decapitado,
pero si creo que parimos nuestro propio
        abandono al hacerlo.
Jamás pensamos las consecuencias del saber,
del comer el fruto prohibido,
porque ya es doloroso de por si ir abriéndonos la piel
para crear ojos y ver,
es decir hacerse Ángel,
porque ya es castigo suficiente indagar.
La verdad no es un fin sino un ritual en el que pierdes

pieles,
te deslumbras.
Predeterminados por la conjunción de nuestros creadores
y presos de la más amplia libertad:
somos responsables de lo que hacemos.
A ellos pues, los únicos que saben a los que me refiero.
Este oasis, este pozo, este ciervo que come de vuestra mano
para soportar la carga de los días.
Este papalote que conoce la tristeza de quien desea volar.
Estas palabras que son las únicas que nos seducen
y nos llevan amar la búsqueda
más que cualquier otro encuentro.

EL ADORNO

Afuera
una casita de madera pequeña.
Sirve de adorno
y da la sensación de hogar a esta casa.
Pero no es ya el mismo adorno
de antes que jugaras con él
y abrieras sus puertitas
simulando una vida imaginaria y compleja.
Ahora que te has ido a tu casa real
y ese adorno no es para ti
más que algo propio de los adultos,
este adquiere para mi
todo el poder de tu inocencia, creatividad
dulzura y alegría.

Tras jugar con él
ha pasado para ti a ser un juguete más
y para mí
un adorno impregnado de tu alma.

Ahora cae la noche
y lo veo
entre la oscuridad y el silencio
y pienso en tu sonrisa
que es un puro brotar la alegría
y veo tus ojos
que son una declaración de paz al mundo.

ÍNDICE

ESTA MALA FORTUNA
QUE POR CIERTO NADIE PIDE

¿Es real este dolor?..11

Los pequeños dolores..13

La ausencia..15

A qué este dolor desconocido.....................................17

Una pena sin rostro...18

A un escritor..19

Las inclementes desgracias...21

Tao...22

Psicosis..23

Delirio..25

Ansiedad..26

Los antipsicóticos..27

Sobre la locura..28

La mueca que dibuja el rostro del destino.................29

DEL LENGUAJE POÉTICO

Mis oraciones...33

Lo que compongo...34

Tú...35

Hacer la voz propia...37

De este pozo seco y profundo....................................38

Hablo...39

Hoy la vida te lo recuerda...40

El agua...41

Manifiesto..42

Trabajo..44
El escarabajo de oro..45
Otro homenaje...47
Bajo el palo del limón......................................48
Tu libro, Raúl...49

ACOSTUMBRADO A MIRARSE, NARCISO DICE
No tanto...53
La casa..55
Adentro de mí...57
Desde que nací...58

ELEVAR EL CANTO, UN AFUERA
Desobediencia...63
Somos el oro...65
Este es todo el milagro......................................67
María de las Nieves..68
Sobre la historia personal..................................70
Liberación..72
Tesis - Antítesis - Síntesis.................................73

CANTAR SOÑANDO
Por los días y las noches...................................77
Noche..78
Para antes de dormir..79
Sueño..80
Luna llena..81

DIOS ES MI AVENTURA
Tu sombra...85
Esta manía..88

Sólo existir..90
Rendición...92
Fútbol...94

COMO SI DE GRAVITAR ALREDEDOR
DE UN ASTRO SE TRATASE
A la esfera precolombina..99
Cuando faltes..100
Poema a una muchacha con la que imaginara envejecer.......101
Cono si de gravitar...103
A Emma, en su segundo cumpleaños.................................105
Signo...107
El todo es más que la suma de las partes.........................108
A ellos...110
El adorno..112